팔십 고개 넘고 보니

팔십 고개 넘고 보니

조 상 현 제4시집

시인의 말

시는 자기 마음을 표현하는 것이다
그러나 생각을 표현하는
연필 노동은 힘들고
끝없는 노력이 필요한 농사다
나는 그 노동에 끊을 수 없는 중독이 됐다

연필 노동자들은 사후 혼자 살아남아
영원히 살아갈 작품을 출산하기 위해
백지 사막 위에 씨앗을 뿌려보지만
그게 어디 쉬운 일인가?
그래도 쉬지 않고 사막 위에서
끌고 다니는 연필 끝에서
솟아오르는 글의 향기
아! 어찌하랴!

네 번째 시집을 출간을 하면서
봄과 함께 기대해 본다.

2024년 봄에

청산 **조 상 현**

제1부

가난은 나의 유산

제2부

자연은 최고의 종교

제3부

한강의 기적

제4부

고향 뒷산에 가면

제5부

횟집 어항 고기

제1부

가난은 나의 유산

CCTV

인간 세상
정화시키기 위해
무법자들 감시하며
하루를 산다.

조용한 틈을 타서
욕심들이
춤을 추는 밤이면
세상은 무법천지

맹수들의 거리에서
사람들을 지켜주는
나는 호위무사.

가난은 나의 유산

춥고 배고파도
마음은 늘 따뜻하게 살련다.
지나온 과거가 그랬고
앞으로도 그렇게 살리라

가진 것 없어
빈손이지만 늘 풍요롭다
도봉산 계곡에 앉아 시를 쓰면
나무들이 내려다보고
윙윙 소리 내어 낭송을 한다.

도봉산아!
네가 좋아 네 품에 안겨
가을엔 낙엽에다 시를 쓰련다.

팔십 고개 넘고 보니

거친 풍파 타고
어둠을 뚫고 미로를 헤매던
발자취 뒤돌아보니
용케도 여기까지 왔구나.

고픈 배 쓰다듬으며
내가 추구해 온 모든 것은
사막의 신기루

앞으로의 시간은 염라대왕한테
서비스로 받은 여백의 시간
흰 백지 위에
손주들의 웃음소리 그려
예쁘게 칠해 본다.

강남 아파트

우리가 사는 데
삼대조건 의 식 주
어느 것 하나 소홀히 할 수 없지만
목숨을 담보로 할 만큼
집이 중요하단 말인가?

피곤한 육신 쉬기엔
한없이 불편한 콘크리트 박스
살기는 편해도 살기 좋은 집은 아닌데
금수저들 도박의 광기에
칼춤을 추고 있다

흙수저들 전재산에 대출까지 받아
광란의 칼춤판에 끼어들어
풍선은 언젠가는 임계점에 도달하여
폭발하면 피가 튈 것이다.

개미의 지혜

보잘것없는 개미 한 마리
네놈들이 뭘 안다고 뭘 한다고
죽도록 일만 하는 놈들

나는 놀랐다

제 몸보다 더 크고 무거운 먹이
크레인처럼 물고 가는 저 힘

낮은 지대에서 살다
고지대로 이사하고 나면
다음날
꼭 큰 비가 온다.
개미를 관상대 예보관으로
모셔야겠다

경동시장

논밭에서 자란 농산물들
경동시장으로 몰려와
시장 바닥에 진을 치고 앉아
찾아온 손님들을 향해
눈인사 한다

농민들은 농자금 대출에
자식들 학자금 대기 위해
아침저녁으로 쓰다듬으며
허리 한 번 펴보지 못해도
고수익을 기대하는 밝은 얼굴들

생산자가 웃으면 소비자가 울고
소비자가 웃으면 생산자가 우는
균형의 추가 움직일 때마다
희비가 엇갈린다.

내 친구들

오다가다 만난 지 벌써 오십여 년
줄 것도 받을 것도 없는
우리는 마음 편한 친구들

용도 폐기된 노병들
우린 도봉산 수락산 단골손님
계곡물이 속삭이는 바위에 앉아
점심 보따리 풀어 놓으면
김밥 냄새에 찾아온 산 고양이들

육이오 전쟁 때
미군 부대서 나는 고기 냄새
먼발치서 바라보고 있으면
미군이 나눠 주던 빵 초콜릿
나비야 너도 좀 먹어 보렴.
던져주는 김밥 몇 토막.

내일을 향하여

그리운 것들아
이제는 가거라.
물고기가 새 물을
좋아하는 것은
그 속에
그리움이 없기 때문이다

바람이 매일 불어도
어제의 바람이 아니고
푸른 숲도
작년의 숲이 아니란다.

뇌졸중으로 가신 누님

당신이 피우지 못한 꽃
자식들이 피워보라고
고단한 삶의 여정마다
땀으로 얼룩진 생

평생 가시 돋친 말씀
한 마디도 안 하시고
목련 닮은 웃음
주위를 환하게 밝히시다
초로에 찾아온 뇌졸중
모든 것 다 내려놓고
노을 진 강가에서
못다 준 사랑 아쉬워하셨지.

병원

팔십 고개 오르니
오라는 데도 없고
가고 싶은 데도 없는데
병원은 가고 싶다

병원에서는
오래오래 행복하게
건강하게 사시라고
선물을 한 보따리 싸 준다.
늙을수록 선물을 더 많이 준다.

늙은이 갈 곳은
병원밖엔 없구나.

수녀의 밤

성모님 앞에 무릎 꿇어
청빈 청결 순종 맹세하고
세속의 인연 끊고
성모님의 종 되고
저 하늘 우러러
잡념 잠재우려 성모송

태산도 두렵지 않은 젊은 육신
밤마다 깊은 협곡에서 타오르는
살랑이는 봄바람 잠재우며
영적순결의 강 건너려
몸부림치는 밤
자연의 섭리 거부하는
아! 나는 죄 많은 여인
주여 밤이 너무 두렵습니다.

수녀의 생리

한 달에 한 번씩
생명의 등불 켜고 찾아오는
여인의 꽃

주여
등불을 꺼주소서
이 한 몸 오직
주님밖에 없사오니
제 육신에
주님의 영혼을
잉태하고 싶습니다.

뜨겁게 타오르는 생명의 씨앗
묵주로 합장하고
성모송 암송해도
생명의 씨앗은
발아를 염원하고 있습니다.

늙어 보니

사용연한이 지나
용도 폐기된 이 몸
가고 싶은 곳은 병원뿐
오라는 곳도 병원뿐이다

혈압계가 수천 km
혈관 교통 상황 점검해서 알려주고
청진기는
내 몸 깊숙이 침투한 세균들
비밀 교신 탐지하여 처방해 준다.

타이어 두 짝으로
평생 달려온, 이제는 고물차
마디마다 윤활유가 말라 통증 심해
구리스 주입하면 평지 운행 가능하여
폐차장 갈 날을 연장시켜 준다.

아파트

우리 조상의 얼이 결여된
저 무법자들
문전옥답 다 깔아뭉개고 앉아
자연환경을 해치고 있다

대청마루에서
흰 수염 휘날리며
먼- 하늘 향해
성리학을 외치던
우리 전통 한옥은 어디로 갔는가?

까치도 흙의 기운 못 미치는
칠층 높이 이상은 집을 짓지 않는데
자연의 조화를 무시한
고층으로 지은 인간집단 서식지.

서민

시를 써본 사람은 안다
연필 노동자의 고달픔을
밥을 굶어본 사람은 안다
노숙자 무료급식의 고마움을
자식들 뒷바라지에
거덜 난 늙은이
지하철 경로 우대석의 배려를
밤마다 모기의 울음소리
굶어본 사람은 안다.

일기장

연말이면
또 하나의 나이테가
은퇴를 한다.

책꽂이에 보관돼 있는 과거
가끔씩 열어보면
허물들이 발효되어
반성의 눈물 흘리고 있고
갈피마다 가난의 발자국들이
허우적거리다 잠들어 있다

잘 있거라! 과거들아!
언젠가는 쓸쓸히 몸부림치며
폐지통의 환영 받으며
나와 함께 떠나야 할 이승.

자화상

내가 보고 싶어
거울 속을 들여다본다.
지나간 꿈 되새김질하며
못난 놈 하나 거기 서있다

박토에 뿌린 땀방울들
어느 것 하나 보람 없어
남루의 집 속엔
시베리아의 삭풍만
살고 있구나.

너는 어인 일로
잠들지 못 하는가?
피곤한 육신 원앙금침에 누워
한 가락 읊어도 보렴.

아파트를 바라보며

사람들은 옛날부터 내려다보며
사는 것을 원했을까?
예전에는 넓은 한옥이 소원이더니
지금은 내려다보고 사는 것을 원한다.
지배욕이 만들어 낸 불만 표출일까?
집은 하늘을 찌르며 자꾸 올라간다.
오십층 꼭대기에서 내려다보면
성인이 어린 아이처럼 보여
자기가 그 사람을 지배하는 줄로 착각

대청마루에서 석자 흰 수염 휘날리며
만주벌판 호령하던 기개의 함성도
지팡이로 호랑이 때려잡던
용맹스러운 사나이 웃음소리도 들릴까?
짐승도 병들면 양지 쪽 땅바닥에 배 깔고
한나절이면 지기(地氣)로 완치
까치도 땅의 기운 미치지 않는 고공엔
집 안 짓는 것도 보일까?

코로나 바이러스에게

이젠 가시게
우리가 방종했으니
우리도 반성하려네.

지구는 만물이
공존공생 하는 곳
우리의 이기가 너무 심했네.
모든 만물은 인간을 위해
존재하는 것으로 착각했지

자연은 필요 없는 것은
존재를 허용하지 않았지
공생해야 하는 것들을
우리는 인정하지 않았네.

퇴근길 지하철

조용히 앉고 늘어선 사람들
제각기 하나씩 들고 있는 핸드폰
그 속엔 허기진 삶의 영양제가 들어 있어
수저도 없이 손가락으로 먹는다.

없는 것 빼고 다 들어있는
요술 상자를 들여다보며
각가지 사연의 얼굴 표정들
하루의 피로를 푼다.

풍요로운 내일을 향해
끊임없이 섭취해야 하는
상식과 지혜 지식
한없이 먹어 보충을 한다.

패자의 승리

승리에 집착하지 말고
패배에 슬퍼 마라
패배의 길이 승리의 길이고
승리의 길이 패배의 길임을
깨달을 때
비로소 보이는
푸른 하늘

자유는 피의 대가로
얻어지고
석가는
왕관을 버리고
깨달음을 얻었다.

구름 타고 가신 누님

팔십 인생
이렇게 허무하구나
빛나든 눈동자 빛을 잃고
꽃보다 더 곱다던 자식들 뒤로 한 채
하늘길 바삐 가시다니

언젠가는 가야 할 모두의 길
굳이 서러울 건 없다마는
험악한 가시밭길
피땀 흘리신 발자취가
눈가에 이슬이 맺힙니다.

가난을 헤치며
달리던 힘찬 기적소리 남기시고
우주로 떠나셨네.

구정물의 기도

인간 세상 씻어주고
오염된 내 영혼
하수도를 빠져나온 나는
어디 가서 몸을 씻어야하나
인간 세상 종교의 은혜
나에게는 거리가 멀어

바다는 물의 종교

냇물로 강물로 바다로 가면
오염 물질 발효되어
내 정신세계 다시 맑아져
아! 맑아라! 밝아라!
푸른 세상 다시 보인다.

무자식 여인의 한

천 년 무덤 파헤치면
육탈은 됐는데 뼈는 그대로
살아생전 자식에게
못 준 천근 사랑의 한
진토를 거부하는
무자식 여인의 한 서린 유골

유아의
맑은 웃음소리 들려주면
스스로 진토 되어
외로운 넋
하늘로 승천한다네.

종교란 무엇인가?

절 성당 교회에서
무엇을 바라지 마오.
종교는 마음 비우는 곳

괴로워 마음 아픈 이들
따뜻한 말 한마디
종교의 근본이라오.

거칠고 험한 세상
빈곤의 창가에 귀 열어
눈물 닦아주고

종교 이기주의에 빠지지 마오.
절 성당 교회는
선(善)을 향해 모두가 하나.

가장 하기 쉬운 말

팔십 여섯 떡국
눈물 안 섞인 떡국 없고
그 눈물의 떡국
자식들과 같이 드시면서
모진 세월 걸으셨다

흘리신 피 땀
바다가 넘쳤는데
나는 그 고마움 알지 못했다
그 고마움 알았을 땐
이미 이 세상에 안 계셨다

가장 흔하고 하기 쉬운 말
어머니 존경합니다
그 한 마디 못 드렸다.

제2부

자연은 최고의 종교

대자연

태초의 말씀 들리는
황야에 앉아서
높고 깊은 큰 말씀
가만히 들어본다.

우주 만물을 다 품어 안고
생로병사
골고루 기회를 줘
우리에게 한 생을 맛보게 한다.

자연은 종교의 모태
공자 석가 예수 무함마드에게
어두운 세상 빛이 되어
밝은 세상 만들라고
등불 하나씩 줘서
이 세상에 보냈다.

대지의 봄비

아!
누가 내 영혼에
향수를 뿌렸는가?
아직도 미몽에서
깨어나지 못해
눈 감고 망설이는데

얼어 굳어진 혈관
수혈의 향기에 취해 눈 비비며
긴 하품 토해내는 대지
가슴 속 향기로운 멜로디에
봄노래 부르는
나무뿌리 풀뿌리

매화야 진달래야 개나리야
잠자는 개구리도 깨워라.

백조

조용한 호수 위에
물새 한 마리
구름같이 바람같이
꽃잎에 스쳐

푸른 수면 위에 홀로 앉아
뭇새들 지저귐에
미동도 없이

깊은 생각에 잠겨
머—언 하늘 바라보는
선비의 넋이여

천년을 품어 안은
고결한 자태.

병든 쥐

의정부 회룡사 가는 길섶
작은 쥐 한 마리
죽은 듯 쪼그리고 앉아 있어
건드려 보니 살았다고 신호를 한다.
쥐 생이 불쌍해
사탕 한 알 놔주니
냄새만 맡고 만다.

우리에겐 적이지만
자연은 필요하지 않은 것은
동반하지 않으니
대자연 속 어디엔가
너에게도 할 일이 있을 듯해서
피로 회복용으로 사탕 한 알 줬다.

자연 현상

아무도 보지 않아도
꽃은 혼자 피우고
아무도 듣지 않아도
매미는 노래 부른다

가을엔 일 년을 결산하고
겨울이 오는 것은
만물의 휴식 시간

내가 손자하고 노는 것은
나의 과거를
되돌아보는 것이다.

자연은 최고의 종교

지구 상공에 비행선 띄워 놓고
공자 석가 예수 마호메트 타고 앉아
자연이 전하는 교신 받아
인간 세계로 전한다.

제각기 다른 언어로
세계 곳곳에 전하는
대자연의 매세지

가끔은 전파요원들이
자연을 초월하는 행위에
코로나19 바이러스가 뺨을 때린다.

파랑새야

어젯밤
네가 내 꿈을 엿보았구나
내 꿈은 아주 작은 거란다
금은보화 아니고
고대광실 더욱 아니란다.

내 마음속 작은 연못에
송사리 가재 노는 맑은 물이면 돼
꽃피고 잎 돋는 사월 오면
너도 오려무나.

우리 함께 놀다가 심심하면
네가 내가 되어 시를 쓰고
내가 네가 되어
푸른 하늘 날아도 보자.

자연의 말씀

나직이 들려오는
조용한 이야기
우주를 품어 안고
봄 여름 가을 겨울
문자도 없는 편지를 받는다.

계절마다
가르침이 달라

언어도 기록도 없는
무언의 가르침
나는 귀 열고 눈 밝혀
교훈을 받든다.

구름

북악산 도봉산을 깔고 앉아
한양 도성을 삼키려다
하늘에 들켜
뇌성 번개로 천벌을 받아
참회의 눈물 소나기 져
한강이 넘친다.

인천을 순회하던
바다 바람에 쫓겨
천 리 길 줄행랑
패자의 쓸쓸한 뒷모습엔
낙조를 걸치고 서서
참회의 아픔을 삼킨다.

낙엽의 회귀 본능

대자연의 품에서
하늘과 땅의 은혜로
칠월 염천 양기 받아
열매를 잉태하여
향기로운 유전자 넣어주었다

태양의 은총으로
녹색 혁명 완수하고
이제 돌아가리라

흙의 향기 그윽한
뿌리들의 환영 받으며
추락의 노래 부르며.

만월

적막강산
고요가 춤추는 밤이면
태양을 사모하든 넋들이
보름달로 모여
밝은 세상으로 나오라고
계수나무가
춤을 추며 노래를 부른다.

어둠을 노래하던
야행성들
새벽 길 떠난다.

자연의 섭리

자연은 우주 만물에
종족을 번식시키기 위해
생식 기능에 쾌락을 줘
감미로운 쾌감에 취해
생사의 갈림길 넘나들며
무아의 경지 꽃밭을 헤매며
수고를 더한다.

무궁화

언제나 조용히
세월을 관조하며
고독을 사랑하는 무언의 선비

고즈넉이 피어
입은 미소를 머금고
눈은 천리를 보며
뜨거운 가슴으로 우리를 품어주는
조선의 넋이여

옛날 배고픈 시절
꽃이 피고 백일이면
논에 벼가 익는다고 어머님들
손꼽아 기다리던 세월 길었다.

소

나는 코뚜레로 묶여
자본주의의 노예가 되어
푸른 초원 그리워하며 새김질 한다
이랴이랴에 가고 워워하면 서고
인간 세상 힘든 노역은 다 나의 몫

목에 쟁기 걸어
흙의 마음 열어주면
씨앗들이 달려가 풍년가를 부른다.

쟁기질 써레질 마차 끌어
나는 농부들 재산 목록 일호
새끼 낳고 두엄 주어 농사 풍년
재산 축적 일등공신 주인 사랑 독차지한다.
늙고 병들면 은퇴시켜
도살장으로 끌려가 망치 한 방에
식탁 위에 일등 먹거리로 다시 등극.

칠월

비 개인
칠월의 아침
나무마다
푸른 깃발을 흔들며
하늘 향해 노 젓는다.

푸른 하늘 향해
아우성치는
나무들의 노랫소리

칠월의 노래
첫 구절은
신록에서 오고

나는 칠월의 마음을
백지에 그려본다.

호수

어두운 밤
마음 비워 나를 들여다보면
별들은 노래를 주고
달은 고요히
품에 안겨 꿈을 꾼다.

낮에는 산이
그림자를 드리우면
나는 그를 안고
파도로 출렁이며 춤을 춘다.

해가 지고
달이 가고
세월이 가면
나그네 고향 길
쉬어 가는구나.

동백꽃

천년
그리운 사랑 있어
이렇게 붉은
노래를 가졌어요.

백설 면사포
고드름 귀걸이
그러나 마음은 늘 따뜻해요

남도의 겨울은
첫사랑 기다리는 계절
장미보다 더 붉은
내 사랑 받아줄 임은
언제 오시나?

사월 초파일

번뇌를 이고 지고
풍진 속 미로를 헤매는데
극락정토로 인도하는
맑은 목탁소리

고해의 바다 건너기 위해
온갖 번뇌 털어내려
마음에 날개 돋아
심산계곡
도량의 불빛 향해
길 떠난다.

산딸기

내가 갖고 싶어 하는
모든 것을 다 갖고 있네.

붉게 익어가는 열정
향기롭고 달콤한 맛

박토에서
가물수록
더욱 활기찬
자생력
이슬 한 모금에
만족한 웃음.

새봄

또 한 해 꿈을 향해
개나리 진달래 목련
환한 미소로 피어나 눈인사
개구리는 알을 낳고
뻐꾸기는 즐겁다고
앞산에서 뻐꾹
뒷산에서 뻐꾹

나비야
너는 얼마나 신나기에
인사조차 잊었는가?

열대야

삼복 찜통 열대야에 쫓겨
소주 한 병 마시고 옥상에 올라가
산들바람에 잘 잤다

아침햇살이 깨워 일어나 보니
팔 다리 울긋불긋 지난밤 모기들이
내 몸 곳곳에 둘러 앉아
야간에 회식을 했구나.

알코올 섞인 내 피에 취해
부위마다 맛이 달라 골라 먹으며
암컷 수컷 끼리끼리 끌어안고
밤새도록 나팔 불고 북 치고 장구치고
신나게 춤추다 새벽 먼동에 쫓겨
해장으로 피 한 잔씩 더하고 갔구나.
이놈들아 세균에 감염되어
팔다리 울긋불긋 가려워 혼났다.

사월의 꽃

사월의 영령들이
뿌리고 간 민주화의 씨앗들
산에 들에
봄마다 피어나
이 땅을 사랑하다
못 이루고 간 꿈 꽃으로 피어난
고결한 넋들

그날의 함성들
우주를 헤매다
사월이면 찾아와
민주화의 횃불로
가지마다 피어난
환한 사월의 미소
이 땅을 밝혀주네.

자연의 지혜

자연은
메마른 대지를 위해
구름을 띄워
목마름을 적셔주고
바람은 노고로 흘린 땀
식혀주기 위해
숲속에서 나와
세상을 순례한다

어두운 밤
별들은 연인을 위해
빛을 발하고
새들은 외로운 친구를 위해
노래를 불러준다.

한산섬

내 어이 이 땅 밟을 거나
구국의 함성이 깃든
하늘 아래 제일의 성지

장도의 푸른 날이
슬피 우는 날이면
비단 바다에
붉은 그림 그렸을
제독의
힘찬 북소리
들리는 듯

과거를 삼켜 버린
푸른 바다는
용서의 푸른 웃음 웃는다.

백두산 천지

누대를 섬겨오던 우리의 넋
큰 말씀 듣고 싶어
만리 길 남의 땅 돌고 돌아
이제야 재단 앞에 섰네.

곤룡포 주인은
어디로 가고
공산주의 넋들의 칼춤에
죽어간 지옥의 땅

하늘 우러러 흘린 눈물
압록 두만 송화 강.

야생화

한 계절은 나도 화려하지
소담하게 피어있는 야생화
바람이 지나가며 속삭인다.
너보다 더 아름다운 건 사랑이라고

꺾지는 마세요.
꽃잎 하나 드릴 테니
향기로운 술잔에 띄워
음미해 보세요.
술만 마시고 또 따르세요.
잔은 언제나 화려할 테니까요

붉은 꽃잎
화려하게 저문 자리
상서롭게 맺어진
영혼의 씨앗들.

제3부

한강의 기적

국립묘지의 영혼들

조용하고 평화롭던 새벽
북쪽에서 미친 칼춤이
붉은 이빨 드러내며
인육을 씹어 삼킬 때

곳곳에서 들리는 비명소리
우리의 평화롭던 이웃들이
피를 토하며 쓰러질 때
진군의 나팔소리에
누군들 망설였겠는가?

이 한 몸 바쳐 지킨
나의 조국
이웃들 맑은 노랫소리에
나는 깊은 잠에 취했노라.

마지막 길

인생의 마지막 무대는
적막하게 막을 내린다
자식도 금은보화도 다 티끌일 뿐
운명의 포로가 되어

울지 마라 과거야
잘못된 성과들이
아픈 상처로 남아
텅 빈 황야에서
부재의 깃발들이 날리고 있다

마지막 시간과 악수를 하며
우주로 떠나는
완행열차에 몸을 싣는다.

민초

국난 땐 먼저 일어나
등불을 키고
태풍이 지난 후엔
조용히 고향에 들어
이름 없는 잡초로 주경야독

천지에 지천으로 돋아나
짓밟히고 꺾여도
남산 봉화대
붉은 불빛 위험 신호 오르면
또다시 횃불 들고
전선으로 간다.

성현의 발자취

공자 석가 예수 마호메트는
대자연의 계시 받아
발자국마다
향기로운 문자를 남기고 갔다

세월이 흐를수록
더욱 향기로운 발자국들

우리들은 오늘도
그 뒤를 따라가며
진리에 허기진 배 채우려
발자국들을 주워 먹고 있다.

수락산

십 대째
우리 가문을 품어 앉고
묵묵히 지켜 준 의연한 모습
계절마다 전해주는
자연의 엄숙함
우리 집 가훈삼아
저의 할아버지들처럼
저 또한 당신 품에서 삽니다.

당신이 좋아
당신 품에서 살면서
행여 잘못 있으면 용서해 주시고
뜨거운 가슴으로 품어주시는
영원한 우리 할아버지
오늘도 당신을 바라보며 시를 씁니다.

우리말

닿소리 홑소리로
혀가 자유로워
생각을 부드럽게 역어주는
세계의 진주

지구의 회전음에
거스르지 않고
귓가를 찾아드는
향기로운 음악

겨레의 얼이
깃들어 있는
만고불변의
우리의 넋.

위안부 소녀

어린 날 좋아하던 벚꽃이
내 영혼 송두리째 짓밟을 줄이야

헝클어진 내 마음
바람에 휘날려도
울지도 웃지도 못하는
나는 영혼 없는 망부석
어디에다 손을 내밀어야하나

폐망한 조국
의지 할 곳 없는 이 몸
그래도 목숨 하나 지켜
후일 천벌에 보태리라.

초안산 내시 묘*

전생의 업보가 너무 크고 무거워
태산 같은 응보 짊어지고
이승의 꽃밭에서 하늘 우러러 탄식

군주의 순수 혈통 위해
궁궐의 밤을 지배하던 사나이들
화려한 꽃밭에서
씨 없는 수박의 외로움
밤의 황제들로
나르는 새도 떨어트리는 권력에
위로를 했겠지

기형으로 태어난 고자도 아닌데
권세에 목말라
자식을 거세시킨 부모님들
원망마저 체념한
외로운 무덤에 비 내리네.

대 끊긴 한 꽃으로 피어나
환관의 고혼들 위로해 주는
사월의 초안산

거대한 도성
고요마저 잠든 고요 속
쓸쓸히 걷든 궁궐 뜰 바라보며
사후에도 그 곳을 향해
바라보며 누워 있구나.

수염 한 올 길러 보지 못하고
남성을 포기 한 사나이들
호젓이 누워 잠든 무덤
왕조의 유물 초안산 내시 묘.

* 초안산 내시 묘 : 사적440호. 조선시대 내시 묘 700여 기.
서울시 노원구 월계동 소재.
* 내시 : 아들이 태어나면 궁궐로 보내려고 머리카락으로 고환을 묶어
성장하면서 교환은 섞어 떨어지고 음경만 남은 사람

천둥소리

성현들
이 땅에 오셔서
목이 아프도록 가르쳐 주신 길이
천당으로 극락으로
가는 길인데

이기로 몸부림치며
지옥의 길 헤매고 있다

들어라!
어리석은 자들아
하늘에서
공자 석가 예수의
저 고함소리.

독립군의 후손

우리는 삼대 흙 수저
나라 잃은 민족은
죽어 조상 뵐 면목 없다며
할아버지는 전재산 팔아
만주 독립 자금 대주시고
독립 투쟁 하시며 노숙

아버지는 까막눈 땅 한 평 없이 전세살이
육이오 때 시래기죽으로 연명하시며
막노동
손자는 까막눈은 면했으나
저학력으로 취직 못해
공사판에서 막노동

지금은 연립주택에서
명절 때면 할아버지 영전에 모여앉아
할아버지 독립 투쟁 이야기로 밤을 새운다.

품격 높은 민족

우리에겐 넘지 말아야 할 선이 있습니다.
우리에겐 가지 말아야 할 길이 있습니다.
언어도 길이 있고
눈빛도 길이 있습니다.
부모에겐 효도의 길
친구에겐 우정의 길
자식들에겐 사랑의 길이 있습니다.

내 것이 아니면
황금도 거들떠보지 않고
내가 뿌려 거두지 않은 것은
굶어도 먹지 않습니다.

우리는 이상 실현 위해
금도의 길 걷는
품격 높은 민족입니다.

복지 국가

온 천지가 폭탄들이 울부짖어
멍들고 찢어진 산하
화약 냄새 독성으로
식물들 시들시들
칼날 진 파편들의 한 서린 이 땅

지혜로운 지도자 나타나
젓가락 문화의 손재주로
국제 시장에서 호평

전쟁의 상처 딛고 피어난 꽃들
가을은 풍요롭고
어둡던 얼굴들엔
여유로움이 가득하다.

부처님 예수님께

부처님 예수님도
남녀의 불같은
사랑 있었기에
이 땅에 오셔서
어두운 세상
등대 되어
맑고 밝은 세상 만드셨습니다.

극락도 천당도
번식의 조화 없인
가지 못하는
불멸의 세계
스님 신부님 수녀님들께
음양의 조화 이르도록
명하옵소서.

새터민

공산주의 넋들의
칼춤에 죽어가는
귀신마저 피해가는 지옥의 땅
선택된 자들은 포만으로 죽고
일반인들은 기갈로 죽는 땅

눈물이 싫어
허기진 탄식이 싫어
지옥의 총부리
사선을 넘어

희망찬 노래 들으려고
고운 노래 부르려고
나 여기 왔다.

이태석 신부

검은 대륙
붉은 태양 아래
꿈조차 사라진 미래의 얼굴들
슬리퍼 기워주며
희망의 씨앗 뿌려
꽃으로 피어날 때
하늘도 감탄
검은 불모지에 불 밝혔네.

허기진 남 수단에
고운 미소 남기고
애절한 눈빛 뒤로 한 채
우리 곁을 떠났네.

열강의 붉은 이빨

세계열강들은
을사늑약 때
우리를 일본의 먹잇감으로
던 저 주었다

겉과 속이 다른 잣대로
음모와 계략이
어둠 속에서
칼춤을 추면서

지금도
이순신 장군님은
하늘나라에서
속울음 울고 계신다.

정인아 미안해

억만겁의 기회 꿈에 그리던
이 세상에 사람으로 태어나서
십육 개월 동안 푸른 하늘 향해
날개 한 번 펴보지 못하고
해님 달님 함께
맑은 웃음 한 번 못 웃어본 너

모태로부터 버림받아
종교의 탈을 쓴 이리 때의 폭력에
저항 한 번 못하고
속울음 울다 떠난 너
얼마나 무서웠니?

구천을 헤매며
울부짖고 있을 정인아!
우리 모두가 죄인이었구나.

* 2020년 10월경 입양 부모의 학대로 사망한 사건

한국

일어나시오
붉은 이빨들이
우리를 지켜보고 있소
점잔은 선비 정신은 통하지 않소.
우리는 먹이 감이오
겉은 평화를 사랑하고
신의를 존중한다고 하지만
속은 숯덩이보다 더 검소

늦게 후회해 봐야
그들에겐 인정 따위는
소모품에도 해당되지 않소.
푸른 바다 푸른 들
우리 손으로 가꾸어
우리도 한번 멋지게 살아봅시다.

조선 규수 위안부

조선의 처녀 열 살이면
아버지가 은장도에
십장생 아로새겨주며
품속에 지니라 함은
정조를 지키라 함인데
하늘의 뜻 거슬렀구나.

도적놈들의
만찬상에 차려진
나는 한 덩어리 고기

생사를 선택할
권리마저 상실한
나는 조선의 죄인.

한강의 기적

오천년
남루의 한이 뭉쳐
사(士)농(農)공(工)상(商) 계급 타파하고
“우리도 한번 잘 살아 보자고”
힘차게 솟아오르는 태양 함께
논밭으로 공장으로
결의에 찬 얼굴들의
빛나는 눈빛들이
팔다리 걷어붙이고 새벽길 걸었다

변화의 물결에 표류하던 우리
지혜로운 선장 나타나
부국의 반짝이는 등댓불 향해
우리 모두 격군으로 밀고 당겨
전 세계가 우리의 장터
배고픈 설움에서 벗어나
경제 대국으로 이루었다.

백제 금동 대향로

나에게는 아직
피우지 못한 꽃이 있다
삼국 통일 대업의 꽃

나에게는 아직
전하지 못한
전설이 있다
계백 장군의
구국의 충성심

오늘을 바라보는
내 눈에는
아직 눈물이 흐른다.

부탁하노라
사르다 남은 향
마저 피울 수 있는 날을.

백제 금동 대향로의 한

멸망의 늪에 빠져
피우지 못한 향을 안고
천년 잠에서 깨어났다

패자에겐 입이 없고
향기도 없어
눈감고 산다.

부탁하노라
삼국의 한에서 깨어보니
아직도 깨진 두 쪽
하나 이루어
천년 향 다시 피울 날을.

평창 동계 올림픽

하늘을 봐도 땅을 봐도 걱정덩어리
어디를 봐도 근심뿐
국민들 웃음 잃은 지 오래됐는데
얘들아 너희들이
웃음을 주는구나.

투명한 얼음판
우리 민족의 마음 닮은
순백의 눈밭에서
오직 하늘 향해 달렸을
너희들의 땀방울이
기적을 일으킬 때마다
이 늙은 할아범
너무 기뻐 울기도 하고
오장이 터지도록 웃어도 보았다
얘들아
너희들이 대통령 하려무나.

해란강

이국의 고요산천
인정 많은 해란은
약자의 영토 침해
하늘의 뜻 아니기에
목마른 군마 목 축여주고
땀이 밴 독립군 안아 주었다

광복의 꿈 향해
눈보라에 피 엉키고
총칼에 육신 찢겨
핏발선 두 눈 감지 못한 체
이국의 하늘 아래서
한 줌 흙으로 잠든
이름 없는 광복군
그 아픔
달래주며 같이 울었네.

이순신 장군

이웃집
피 냄새 맡고 달려드는
섬 각다귀들

위를 쳐다보면
캄캄한 하늘뿐
아래를 내려다보면
어진 백성들의
신음소리
내 어이
이 짐 벗어 버리랴.

한을 품은 장도의 푸른 날이 춤을 추고
화살마다 붉은 피 튀어
푸른 바다가 붉은 핏빛으로 물들어
승전의 북소리 울리면
백성들의 고운 웃음소리 들린다.

제4부

고향 뒷산에 가면

고향 뒷산 절에 가면

바람에 차이고
세월에 차이며 떠돌다
욕망 가득한 천근 몸뚱이 끌고
고향 뒷산 흥국사에 가면
소화 안 된 오욕 토해낸다

마음속으로 조용히
깃을 접고 찾아와
번뇌의 뿌리 삭혀주는 목탁소리

툇마루에 걸터앉아
먼—하늘을 보면
청정 하늘에 구름 한 점
자연의 섭리
눈에 보이네.

관심

꽃이 피고 지는 일은
초목들이 하는 일이고
나는 그저 즐기면 되는데
염려스러운 건
바람 때문이다

피고 지는 일에
세월이 가고
삶이 버거워 누웠다 일어나면
누웠던 시간들은 꽃들이 지고

세월의 소용돌이 속에서
나에게도
수없이 많이 피고 지는
꽃들이 있었네.

마음의 병

상처도 없고
세균도 없는데
마음은 아파
전선 없는 삶의 전쟁터에서
입으로 쏘아대는 말의 파편들
마음속으로 들어와 박혀
MRI로도 잡히지 않는
상처 없는 아픔

언어는
죽은 나무에 꽃을 피게도 하고
구름의 날개도 꺾는
신묘한 괴력을 소유.

마중물

빈혈로 휘청거리는 조국
피 한 방울 수혈 위해
우리는 오대양 육대륙
물불 안 가리고 뛰었다

전진하다 쉬면
압력이 떨어져
조국의 심장이 멈출까 두려워

서독으로 중동으로
월남으로
물 한 바가지 얻기 위해
천리만리 뛰었다.

어머니의 길

닭이 병아리를 데리고 다니며
양발로 계속 땅을 파헤쳐
모이를 찾아 새끼들을 기르듯
우리 어머님들도
맨손으로 세상을 파헤치며
철없는 자식들을 키우셨다

파헤치다 한 톨 나오면
자르고 잘라 반 토막씩 먹이셨지
당신은 자식들 먹는 모습만 잡으시고
세상 파헤칠 때
푸른 하늘이 캄캄할 때도 있으셨겠지
어머님의 길은 멀고도 험한 길
그래도 희망의 끈 놓지 않으시고
초승달이 만월이 되어 빛을 발하듯
자식들 희망을 꿈꾸며 사셨다
오늘도 우리 어머님들은
섶 다리로 냇물에 누워계시다.

영원한 길

인생은 하루살이
잠깐 왔다 가는 우주의 티끌
바람에 우주를 날아다니다
이승에 인간으로 와 날개를 접었다

푸른 날 한 송이 꽃으로
천지 사방 향기 뿜으며
인간 세상 즐기다
가을과 더불어 결실을 맺고 나니
이 땅에 정도 들었구나.

때가 되면
이 땅에 낙엽으로 굴러다니다
다시 바람 만나 우주로 사라지리라.

할머니의 웃음

시장 뒷골목
노점상 할머니
애호박 세 개 고추 한 사발 파 두 단
길바닥에 진열해 놓고
손님 눈치 보며 눈인사 한다

애호박에서는
손주들 배고파 칭얼대는 소리 들리고
파에서는 할아버지 앓는 소리
고추를 보니 고추보다 더 매운 세상이
늙은 여인의 어깨를 짓누르고 있다

이 생각 저 생각에
까맣게 타들어가는 가슴 묻어둔 채
세월에 지친 고랑진 얼굴에
수심을 숨겨 놓고 예쁜 웃음 웃으신다.

외로운 길

인생의 노정은
안개 낀 황량한 거리
알몸으로 태어나
하늘 보고 땅을 보며
길동무 찾아 헤매는데
별빛 달빛 찾아와서
길동무 하잔다

이승의 여백
바람 함께 구름 함께
돌고 돌며
꽃도 피우고 지고 살다
바람 따라 구름 따라 나는 간다.

행복한 날

아침 햇살 한 그릇
웃음 한 사발 먹고
선악에 물들지 않은
순백 마음 담은 노랑 가방
푸른 세상 배우기 위해
외손자 손잡고 유치원 가는 날

길에서 개미를 밟겠다고
헛발질 하고나서
혼자 신나서 깔깔거리는
해맑은 미소
아침 해도 웃는다.

우리 손자 손잡고
어린이집 가는 날.

영원한 향기

그대가 나에게
포도주를 주신다면
나는 원앙 문양 새겨진
금잔에 받아
그대와 같이
마시겠습니다.

감미로운 향기
메마른 입술 적시며
보슬보슬 봄비로
내 마음 밭에 뿌려주면
나는 행복한 노래
그대에게 불러 드리겠습니다.

허물

그 속에는 잘못들이
너울너울 춤을 추다
가끔씩 구름이
열어주는 햇볕 받아
눈물 젖은 수의를 벗고
갱생의 오솔길 간다.

가벼워진 마음에
날개를 달아
인정들이 노래하는 식탁에 앉아
아름다운 세상 포만에 젖어
따뜻한 햇살에 감사드린다.

나의 행복

명예나 재물은
바람 따라 흩어지고

가끔씩 주말이면
초라한 식탁에서
아들 딸 며느리 사위
손주들 웃음소리

지난 날 인고의 씨앗들
꽃으로 피어나
만찬의 축배가 찰랑거릴 때
장난꾸러기 손주들
그 놈들 웃음소리에
천 근 수심 사라진다.
놈들 때문에 웃지요

손주들

타향의 쓸쓸한 거리에서
불러도 대답조차 없던 꽃들이
은하수 건너 햇빛 달빛 함께
황금 마차 타고
늙어 쓸쓸한 내 정원에
두 송이 꽃으로 왔구나.

꽃들과 첫 만남은
내 생애 최고의 축복

아장아장 걸을 땐
해님 달님도 웃었다
바라보고 있으면
세상 설움 다 사라진다.

은퇴

이른 새벽
정류장 쪽으로 가는
광속의 발걸음들
남루의 그늘에서 벗어나려
햇빛보다 먼저
일터로 가는 남녀노소
나도 한때는 그 대열에 섞여
사십여 년을 뛰었다

은퇴 후 한가한 일상
지하철을 타면
경로우대석이 반기고
어딜 가나 경로 예우
우리가 땀 흘리며 키워 놓은
과실수의 열매가 달구나.

고사상의 돼지 머리

우리의 저주가 하늘을 덮어
행운의 신에게
네놈들 고사상에
접근을 금지시켰다

네놈들 건강을 위해
남의 생명 빼앗아 굽고 삶고 볶아먹고
자손만대 부귀영화 누리게 해달라고
더러운 지전 몇 닢 입에 물려놓고
술 따라놓고 절하는 백정 놈들아!

천추의 한이 서려
죽어서도 눈 못 감은 우리의 넋
수많은 우리 영혼들이
네놈들 사업 망하라고
아침저녁으로 기도 드린다.

손주에게

많은 별들이
너를 향해 웃고 있다
저 별들을 가슴에 품어보렴

황막한 사막에서 등대 되어주고
외로울 땐 노래 불러줄 것이다
끊임없는 인고의 세월
은혜를 받기보다 베풀어라

한 알의 곡식 이웃과 나누고
이웃의 아픔 외면 말아라.
그것이 최고의 가치임을
잊지 말고 걸어갈 때
네 영혼의 꽃밭에
아름다운 꽃들이 만발할 것이다.

고통

바람이 분다기에
걱정이 됐습니다.
나무가 쓰러지고 풀들이 쓰러지고
그러나 쓰러졌던 것들이
바람 지난 후 다시 일어났습니다.

자연은
누구에게나
어려움 속에서
다시 일어나는 것을 가르쳤습니다.

고통은
희망이었습니다.
고난이 없는 삶이란
보람도 없었습니다.

광부

나는 검둥이로 살아도
자식들은 하얀 인생 살도록
새벽 출근부에 도장 찍고
지구의 검은 입 속으로 들어간다.

안전등에 파이버 쓰고
지구의 순대 막창까지 들어가
생활비에
자식들 등록금의 노예가 되어
순대 먹은 힘 다 소진한다.

아내는 순대 속
양념으로 남을까 봐
정한수 떠 놓고
신령님께 무사고 빌고 또 빈다.

의리

친구야 삼백 원짜리 커피잔에
네 얼굴과 내 얼굴이
잔 속에서 웃고 있다

구수한 너의 향기에
네 얼굴을 바라보면
향상 밝은 너의 얼굴

합리적인 손실들
달게 받아들일 줄 아는
너의 마음엔 오늘도 달이 뜬다.

친구야 너와 나의 노래가
오해와 배반의 편협한 늪을 건너
순백의 꽃으로 피어날 때
우리가 자랑스럽구나.

무(無)

가고 오는 것 보이지 않는데
오늘도 쉼 없이 오고간다.
무엇이 오고 가는지
알 수 없는 영속 속에서
우리는 가고 있다

땀 영광 눈물 피 술 범벅
백년이 하루같이
한때는 나도 알코올 중독자
나를 위로해 주는 건 술뿐이었지

흘러가는 구름처럼
나도 모르게 오늘도 흘러간다.

광화문

오백년 국태민안 품어 안고
토막난 조선 팔도 바라보며
지혜를 모아
하나 되길 바라는 저 얼굴
오늘도 수심에 쌓여있다.

아름다움이란

1
인고의 피땀 속에서
내일을 향하여
힘차게 울려 퍼지는
고달픈 나그네의
웃음소리

2
한 세상 살아가면서
쓴맛 단맛 눈물 핏물
다 마음으로 발효시켜
자연에 감사할 줄 아는 마음

3
진주는
조개의 눈물이란 것을 아는 마음.

제5부

횟집 어항 고기

횟집 어항 활어

오대양을 휩쓸고 다니던 활어들
어항 감옥에 갇혀
뛰어놀던 고향 바다 그리며
산소 부족으로 뻐끔뻐끔

운명은 횟집 칼잡이에게 맡긴 채
식탐가들의 눈길을 피해 도망 다니며
먼—바다 산호초 고향 그리네.

끝내 식탐가들의 유혹에
뜰채로 체포해서 도마 위에 눕혀놓고
날카로운 칼날로 육골을 분리시켜
회로 매운탕으로 해탈하여
하늘로 승천한다.

축 금혼식*

황금빛 노을 진 산마루에서
조용히 살아온
발자취 뒤돌아본다

의리 신의 신조 삼아
강 건너고 산 넘을 때
등허리에 땀도 흘렸다

박토에 허기진 어린나무들
물주며 한 평생
이제 곳곳에 무성한 숲 이루어
보람도 있다

한 왕조 이루어 살아오면서
사랑용서 이해로 징검다리 건너
아! 아름다워라 황금빛 노을.

* 교장 선생님 퇴직자 금혼식

축구공

나는 집이 두 채 고향집 그리워 찾아가면
폭력배들이 나만 따라다니며
저 건너 집으로 들어가 살라고
발로 차고 머리로 박고
전생에 무슨 죄가 그리 많아
배고프다면 바람만 먹여 배는 빵빵

맞아 죽지 않으려고
건넛집으로 들어가면
수문장 주인도 몰라보고
죽어도 밖에서 죽으라고
또 다시 내쫓는다.

폭력배들
수문장 눈 속이며
발로 차고 머리로 박치기
혼수상태인 나를 집으로 밀어 놓고
이겼다고 아우성.

응보

코로나 바이러스의 칼춤에
이기의 몸짓들이
세계 곳곳에서
동작을 멈추고
악을 선이라 부르짖던
붉은 입들은
마스크로 봉하고
고단한 숨소리만 토해낸다

우리가 뿌려놓은
악의 씨앗들
업보를 받는구나.

음양

양에게
음을 잊으라 하고
음에게 양을 잊으라 함은 극형이다

자연의 심오한 섭리
배반하는 반역 행위

일생에 삼분의 이를
양은 음을 그리워하고
음은 양을 그리워하며 사는데

양과 음이 단절한 세상은
멸망뿐이다.

고난

내 앞을 가로막는 너로
주저앉을
내 아니로다.

황량한 서울 거리
눈이 내리고
월세방 아궁이에는
연탄불 꺼져도

뜨거운 불에
담금질 많이 한 쇠가 강하듯
세월도 이기고
눈물도 이겨
고난의 강 건너 행복을 찾아서
나는 간다.

고희

작은 속에
큰 것 있음
깨닫고

라면 한 그릇에
넉넉한 마음

고희 지나니
세상 모든 것들이
나를 품고 있음
깨달았네.

죽어본 사람이 없다

중고품 몸뚱이 끌고
하루 세 끼 순대 채우려고
이 눈치 저 눈치 봐가며
허리 한 번 펴 보지 못한 신세
어느 종교가 유혹한다

자기네 종교 믿으면
죽으면
예금통장도 40평 아파트 없고
서울대 안 나와도
천당 가서 잘 산다고
비단에 참기름 바른 것처럼
달변을 토해낸다.

사후 세계는 죽은 사람은 많은데
죽어본 사람은 한 사람도 없어 알 수 없는데
거짓말 한다
마음 비우면 여기가 극락이고 천당인데.

고뇌

삶은 끝없는 고난의 행군
마음 비우지 못해
자다 깨고 깨다 자고
온밤 지새며 생각해 본다

지는 해 잡을 수 없고
가는 세월 막을 수 없는데

억겁의 영속 속에서
티끌 같은 한 점 나의 생은
우주 속 하나의 티끌
비워야만 찾아오는
이승의 환희.

차마고도*

아!
문명의 하늘길
옛 꿈에 젖는 구나

발아래 천 길 협곡
만년설의 오줌 빙수는
강을 이루고

까마득히 들려오는
천년의 숨소리

말도 땀 흘리던
산길 만리
구름이
설산을 삼키고 있구나.

* 중국 윈난성에서 티베트과 교역하던 옛길

천벌

밤을 주우러 산에 갔다
밤이 없어 헤매는데
덤불 속에 밤 몇 톨
헤집고 들어가 줍는데
윙윙 말벌 떼들 기습 공격

불로소득 용의자의
천벌인가?
뒤통수에 독침 세 방

밤나무의
적선인 줄 알았더니
번식을 위해
경비를 세워 놓았구나.

품위

먼산 바라보듯
너를 본다
메마른 마음에
너를 품으려고

우리가 만들어 놓은
선악의 경계를 넘어
웃음과 울음의 강을 건너
아직도 피지 못한
꽃봉우리 바라보며
메마른 가슴에
너를 안으려고
새벽이슬 맞으며 길을 간다.

허물

그 속에는 잘못들이
너울너울 춤을 추다
가끔씩 구름이
열어주는 햇볕 받아
눈물 젖은 수의를 벗고
갱생의 오솔길 간다.

가벼워진 마음에
날개를 달아
인정들이 노래하는 식탁에 앉아
아름다운 세상 포만에 젖어
따뜻한 햇살에 감사드린다.

헌책

내 마음속 갈피마다
아직도 잠들어 있는 보물
너에게 주마

내 지식 지혜
너에겐 빛이 되어
어두운 세상
등불 되리라

세상 돌고 돌다
환갑 진갑 넘었어도
나에겐 아직
꿰지 않은 보석이 있어
지식의 갈증에
샘물 되리라.

눈물

거역할 수 없는
붉은 홍수에 떠밀려
세월을 움켜잡고
넘나들던 시절 되돌아보며
내 운명의 길 가고 있다.

때론 너와 함께
너울진 파도 헤치며
잔잔한 바다 그리워했지

너를 보내고 싶어
문마다 활짝 다 열어놓고
작별의 인사 했더니
해 질 녘 그동안 수고했다고
손 흔들며 가는구나.

눈빛

지혜로운 마음의 창
그 빛나는 광채 속에는
천년의 꿈이 서려 있다

미래의 에너지가 축적된
황야를 바라보며
태양같이 빛나는 미소

언제나 청정한 마음 잃지 않고
긍정으로 세상 바라보는
그 수정체 속에는
봄 향기 가득
근심 걱정 잠들게 한다.

백세 시대

이승을 떠나는 분들의
마지막 소원이고
태어난 자들의 꿈인
멀고도 가까운 한 세기

죽음은 기약 없는 이별
산 자도 죽는 자도
지켜야 할 자연과의 약속

한 번 떠나면
다시 못 올 이승
고속도로를 질주하던 나의 생은
황혼의 붉은 화환 목에 걸고
장엄한 이승 떠나리라.

승리

어머니 우리는 꼭 이길 것입니다
눈비에 시달리고
태풍에 꺾일지라도
최후엔 꼭 이길 것입니다

승리의 길이 멀리 있다 해도
그 길이 인류 평화의 길이라면
피땀 흘리며 가겠습니다.

패자를 따뜻하게 위로해 주는
동방예의지국의 품위를 지키며
패자가 스스로 받아들이는
그런 승리를.

시간의 무덤

오늘이 지나간 어제는
죽은 시간의 무덤
무덤들 속에서
시간의 넋들이 흐느끼고 있다

시간은 성공을 만들고
강물처럼 흘려보낸 사람은
패망의 늪에서 눈물뿐이다

시간은
잡을 수 없는 무형체
우리와 반대로 가고 있다.

팽이

전생에 나는
무슨 죄가 많아
이렇게 맞아야만 사는가?

폭력은 인류의 적
그러나 나에게는
최고의 영양제
가죽 채찍의 단맛에 내가 살아

힘차게 때려주오
맞지 않으면
잠만 자는
앉지도 서지도 못하는
나는 장애인

중국 옥룡설산 해발 5,596m

백발 옥룡 도사
우리를 굽어보며 호령한다.
이기와 욕망 멸시 독선으로 가득 찬
천근 몸뚱이로 나를 만나려 하느냐고?

케이블카로
방천공원 해발 4,506m 도착하니
고산증으로 정신 하나 빼놓고
전신이 내 것 아니로다.
몸은 휘청거리고 시야는 흐려
머리는 어지럽고 전신에 진땀
산소통 코에 대고 마셔 봐도 속수무책

정상포기 하산하며
도사님 이승에서의 모든 죄업
번뇌와 업장 다 털어내고
다시 찾아뵙겠습니다.

두메산골 순이

두메산골 열 살 어린 순이
저승사자보다 더 싫은 가난 때문에
직업전선에 몸 던져
고난의 바다에서
한 집안의 선장으로
반짝이는 등대 향해
흘린 피 땀 바다가 넘쳤다

이승에 태어나
죄지을 시간조차 없는 열 살 소녀에게
세상은 왜 그렇게 매웠을까?

미래를 향해 꿈 키울 나이에
독배의 쓴맛부터 맛본 어린 소녀

돈 앞에서는
권력도 폭력도 무릎 꿇고
권력의 정점에는 돈이 있음을 봤다
푸른 꿈 넘실대는 황야에 터 잡아
다각 영농 씨 뿌려 부농의 꿈 키웠다

축사 돈사에서는
한우와 돼지들
돈을 한 짐씩 짊어지고
무거워 비틀거리며
통장으로 들어오고

뒷산 벌통 꿀벌들
꿀에 로열젤리 프로폴리스를 몰고 와
통장 잔액에 0 하나 더 붙이고
밤나무 농장 밤들
가을이 익었다며 선물들
가마니마다 만삭

논밭에서는
주인 발자국 소리 듣고 자란 곡식들
허수아비 보호 받으며 풍년가를 부른다.

일인 오역의 고달픈 몸
가난한 이웃들에게 베풂의 기쁨에
백발 주름진 여인의 얼굴엔
오늘도 달이 뜬다.

문학세계대표작가선 1011

팔십 고개 넘고 보니

조상현 제4시집

인쇄 1판 1쇄 2024년 4월 9일
발행 1판 1쇄 2024년 4월 16일

지 은 이 : 조상현
펴 낸 이 : 김천우
펴 낸 곳 : 문학세계 출판부 / 도서출판 천우
등 록 : 1992. 2. 15. 제1-1307호
주 소 : 서울시 광진구 구의강변로 85 강우빌딩 7F
전 화 : 02)2298-7661
팩 스 : 02)2298-7665
http://cafe.naver.com/chunwu777
E-mail : cw7661@naver.com

값 15,000원

ISBN 978-89-7954-921-8